Inhalt

Aufgaben des Controller - die optimale Auswahl von Shared Services, Carve Outs, Web-Services, Joint Ventures oder Outsourcing

Kernthesen

Beitrag

Fallbeispiele

Weiterführende Literatur

Impressum

GENIOS WirtschaftsWissen Nr. 09/2005 vom 12.09.2005

Aufgaben des Controller - die optimale Auswahl von Shared Services, Carve Outs, Web-Services, Joint Ventures oder Outsourcing

M. Westphal

Kernthesen

- Eine für Unternehmen lebenswichtige Aufgabe ist das kontinuierliche Monitoring seiner Prozesse im Hinblick auf Möglichkeiten zur Effizienzsteigerung.

- Für das Controlling besteht die Aufgabe nicht allein darin, aus den verschiedenen Varianten wie Outsourcing, Carve Outs, Web-Services, Joint Ventures und Shared Service Centern die kostengünstigste zu suchen, sondern die für den jeweiligen Leistungsprozess optimale.
- Auch Leistungskomponenten eines Unternehmens, die sich ideal zum Auslagern oder zur Neu-Organisieren eignen, sind erst zu geringen Prozentsätzen von deutschen Unternehmen umgesetzt.

Beitrag

Die Konsolidierung der Märkte verlangt von den Unternehmen und dem Controller Überlegungen, wie Leistungen und / oder Prozesse effizienter und damit kostengünstiger erbracht werden können.

Immer noch stellt sich für viele Unternehmen die Frage, wie Leistungen und / oder Prozesse effizienter erbracht werden können

Stichworte in diesem Zusammenhang sind:
- Outsourcing,
- Carve Outs,
- Web-Services,
- Joint Ventures und
- Shared Services.

Im Rahmen dieser Überlegungen erfreut sich eine von IBM entwickelte Methode großer Beliebtheit, die das Unternehmen komponentenbasiert betrachtet. Das Unternehmen wird dabei in einzelne Komponenten gegliedert, um herauszuarbeiten, welche Aufgaben und Leistungen als Kernkompetenzen des jeweiligen Unternehmens zu verstehen sind und welche nicht zum Kern gehören. Dieses "Component Business Model unterscheidet sich damit von der bislang vorherrschenden Prozess-Sicht des Reengineering. Diese Sichtweise ermöglicht die Ermittlung der optimalen Fertigungstiefe des Unternehmens und erleichtert damit Entscheidungen im Hinblick auf was in Eigenregie produziert werden und was eben effizienter gekauft oder aber zusammen mit anderen erstellt werden sollte.
So sollten alle Komponenten, die keinen oder nur einen geringen Beitrag zur Wertschöpfung leisten und darüber hinaus weder einen Wettbewerbsvorteil generieren und keine Kernkompetenz darstellen, weitestgehend ausgelagert also "outgesourct"

werden. So wird eine Fokussierung auf die wettbewerbsbestimmenden Komponenten ermöglicht

Ein möglicher Ansatzpunkt der Effizienzsteigerung besteht in der Schaffung von Shared Service Centern

Immer mehr Unternehmen segmentieren ihre Organisation hin zu "Shared Service Centern" (SSC), bei denen Komponenten gleicher Funktion eines Unternehmens, die als Geschäftsprozesse in mehreren Business Units geleistet werden, in einem selbstständigen, unternehmensübergreifenden Verantwortungsbereich zusammengefasst werden. Das Ziel dieser organisatorischen Gliederung ist eine effizientere und professionellere Erbringung der Leistungen.

Welche Prozesse / Leistungen können durch Shared Services idealerweise effizienter gestaltet werden?

Shared Services stellen im Bereich Rechnungswesen und Controlling eine aktuelle Methode zur Prozessoptimierung dar. In diesem Falle werden die entsprechenden Funktionen wie Fakturierung oder Finanzbuchhaltung, die bislang in gleicher oder ähnlicher Form an mehreren Stellen oder Standorten im Unternehmen geleistet wurden in einer eigenständigen Organisationseinheit zusammengefasst. Das ermöglicht einen Zugriff der einzelnen Abteilungen auf diese Services nach Bedarf (shared). (2)

Ein weiterer idealer Funktionsbereich für die Schaffung von Shared Service Centern ist der Einkauf. Die radikalen Veränderungen im Einkauf von einer Abteilung zur Bestellabwicklung hin zum strategischen Partner, verlangt auch nach einer neuen Organisation des Einkaufs. Die rein taktischen Prozesse der Bestellabwicklung sollten weitestgehend automatisiert in Shared Service Centern zusammengefasst werden, um damit Kapazitäten für strategisches Sourcing zu schaffen. (5)

Innerhalb der SSC werden dann durch möglich gewordene Personalanpassungen die Kosten gesenkt. Es bietet sich grundsätzlich für kostenintensive Betriebsteile an, über die ich die Kontrolle nicht verlieren möchte, mit der ich aber versuche, durch unternehmensübergreifende Bündelung Kosten zu senken, oder aber zusätzliche Einnahmen zu erzielen.

Aber für viele Unternehmen mag die Bildung eines Shared Service Center nicht optimal sein, ein Carve Out ist die bessere Option

Die inzwischen auch in der Medienbranche stattfindende Ausgliederung von Leistungen ist weniger als SSC oder Outsourcing anzusehen, denn vielmehr als ein Carve Out. Darunter ist in der Medienbranche das Auslagern von Redaktionen in eigene, selbstständige Gesellschaften zu verstehen, die auch für andere Medienhäuser oder Unternehmen tätig sind. Der Unterschied zum SSC in seiner reinen Form besteht in der Loslösung in eine **rechtlich komplett selbstständige** Einheit, die ihre Leistungen auch für Externe erbringt. Zum Outsourcing besteht hier der Unterschied darin, dass nicht ein fremdes Unternehmen mit der Übernahme bestimmter Leistungsprozesse beauftragt wird, sondern, dass das neu entstandene Unternehmen aus dem alten Unternehmen entstammt.

Auch das klassische Outsourcing

kann für Unternehmen immer noch interessant sein, muss aber aufgrund der Erfahrungen anderer Unternehmen genau überprüft werden

Outsourcing bietet sich z. B. für kleine Unternehmen im Bereich der Personalabteilungen an, da es sich für ein kleines Unternehmen kaum lohnt, eine eigene Personalorganisation zu implementieren.
Vorteile des Outsourcings von Prozessen an externe Dienstleister und ihre Fachkompetenz bestehen in
- Modernisierung bzw. komplette Reorganisation der Prozesse
- Kosteneffizienz aufgrund von Skaleneffekten

Auch ein Joint Venture kann eine erfolgversprechende Option zur Effizienzsteigerung darstellen

Eine weitere Option für Anwenderunternehmen als Outsourcing-Alternative stellt ein Joint Venture dar. Hierbei **verpflichtet sich das auslagernde Unternehmen zur Leistungsabnahme** beim neuen Joint Venture-Unternehmen. Dieses wiederum hört sehr genau auf die Wünsche des Kunden. So bietet der skandinavische IT-Dienstleister Tieto Enator schon seit mehr als zehn Jahren alternativ zu seinen Outsourcing-Verträgen auch Joint Ventures an. In Skandinavien ist diese Form der Kooperation bewährt. In Deutschland hat es sich bisher aber kaum etabliert. Gründe, warum in Deutschland bisher das Outsourcing die präferierte Alternative darstellt, ist, dass die Unternehmen sich vom kompletten Outsourcing ein reinigendes Gewitter erhoffen. Im Falle eines Joint Ventures bleiben die etablierten Strukturen häufig bestehen, die Mitarbeiter bleiben die gleichen. Im Falle eines Outsourcings oder auch Carve Outs erbringen die neuen Unternehmen auch Engagements im Drittmarkt. Im Falle eines Joint Venture-Modells ist ein solches Anbieten der Leistungen an "Fremde" nicht vorgesehen. Vorteile bestehen darin, dass sich das Joint Venture auf die Anforderungen seines einzigen Kunden konzentrieren kann. Allerdings werden damit auch potenzielle Effizienzgewinne etwa durch Skaleneffekte aufgegeben. (3)

Fallbeispiele

Auch im Bereich der öffentlichen Verwaltung werden bereits Shared Services erbracht. So leisten kommunale Rechenzentren auf regionaler Ebene IT-Dienstleistungen für mehrere kleinere oder größere Kommunen. (1)

Die Medienbranche hat sich bisher mit dem Thema der Ausgliederung oder aber Zusammenfassung nicht strategisch wichtiger Funktionen zurückgehalten. Aber auch in der Medienbranche wird der generelle Trend zum Outsourcing steigen. So bieten viele Verlage Unternehmen an, deren Mitarbeiter- oder Kundenzeitschriften zu produzieren. Die entsprechenden Redaktionen könnten nun sukzessive in die Selbstständigkeit überführt werden.
Ebenso wird aber darüber nachgedacht, Dienstleistungen wie Logistik, Buchhaltung oder Personalwesen auszulagern.

Die geschäftliche Beziehung zwischen der IBM und der Stadt Leipzig im Rahmen einer Public Private Partnership (PPP) im Unternehmen Lecos GmbH währte nur ein gutes Jahr. Die von der Stadt Leipzig im Zuge dieses Joint Venture erwartete Verwaltungsmodernisierung durch einen externen Dienstleister wurde nicht erreicht. (3)

Der Chemiekonzern BASF hatte nach Abwägung harter Standortfaktoren entschieden, ein neues

Dienstleistungszentrum für das Europageschäft zu schaffen. In diesem sollten Leistungen wie Lohnabrechnungen oder Bescheinigungen für Mitarbeiter erbracht werden. Die entsprechenden Funktionen sollten aus den europäischen Landesgesellschaften abgezogen und in Bratislava in einem Shared Service Center gebündelt werden.
Die Idee hierzu kam dem Personalchef der BASF bei einem Besuch eines solchen Centers der IBM in Portsmouth, England, in dem z. B. Zeugnisse für Mitarbeiter in Nürnberg geschrieben wurden.
Die Hinzuziehung weiterer insbesondere "weicher" Standortfaktoren ergab aber, dass es z. B. in Krakau statistisch genau fünf Personen gibt, die Dänisch sprechen. Außerdem wurde die Frage aufgeworfen, wie es um die Grundgesamtheit der kaufmännisch ausgebildeten Bewerber aussieht, deren Verfügbarkeit ein wesentliches Kriterium für ein erfolgreiches europaweites Service Center darstellt.
Nach Abwägung dieser weichen Faktoren wurde letztendlich entschieden, dass nicht alleine die Standort-Lohnkosten über den Erfolg bzw. Misserfolg eines solchen SSC entscheiden, sondern in einem nicht unerheblichen Maße auch die weichen Faktoren zu berücksichtigen sind.
So wurde in einer endgültigen Entscheidung Berlin als Standort für das neu zu schaffende SSC gewählt. (4)

Weiterführende Literatur

(1) Deutschland ist beim E-Government «sehr gut vorangekommen»
aus netzeitung.de vom 06.06.2005

(2) Schäfer, Gabriele Dr., Wichtige Links für Rechnungswesenpraktiker, Bilanzbuchhalter und Controller, Heft 06/2005, S. 134
aus netzeitung.de vom 06.06.2005

(3) Wichtige Links für Rechnungswesenpraktiker Online-Fachinfos zur Prozessoptimierung im Rechnungswesen und Controlling
aus Bilanzbuchhalter und Controller, Heft 06/2005, S. 134

(4) "Ein Stück Patriotismus war dabei"
aus Frankfurter Allgemeine Zeitung, 09.05.2005, Nr. 106, S. 22

(5) "Ein Stück Patriotismus war dabei"
aus Frankfurter Allgemeine Zeitung, 09.05.2005, Nr. 106, S. 22

(6) Udo Kleemann, Leiter Einkauf IBM Deutschland GmbH Zukünftig nur Lieferanten mit E-Business-Strategie
aus BA Beschaffung aktuell, Heft 5, 2005, S. 46

Impressum

Aufgaben des Controller - die optimale Auswahl von Shared Services, Carve Outs, Web-Services, Joint Ventures oder Outsourcing

Bibliografische Information der deutschen Nationalbibliothek

Die Deutsche Nationalbibliothek verzeichnet diese Publikation in der deutschen Nationalbibliografie; detaillierte bibliografische Daten sind im Internet über http://dnb.d-nb.de abrufbar.

ISBN: 978-3-7379-0025-6

© 2015 GBI-Genios Deutsche Wirtschaftsdatenbank GmbH, Freischützstraße 96, 81927 München, www.genios.de

Alle Rechte vorbehalten. Dieses Werk ist einschließlich aller seiner Teile – z.B. Texte, Tabellen und Grafiken - urheberrechtlich geschützt. Jede Verwertung außerhalb der Grenzen des Urheberrechtsgesetzes bedarf der vorherigen

Zustimmung des Verlags. Dies gilt insbesondere auch für auszugsweise Nachdrucke, fotomechanische Vervielfältigungen (Fotokopie/Mikroskopie), Übersetzungen, Auswertungen durch Datenbanken oder ähnliche Einrichtungen und die Einspeicherung und Verarbeitung in elektronischen Systemen.